Produktivität

-

Erlernen Sie die Kunst der stressfreien Produktivität und eliminieren Sie den inneren Schweinehund

I0489062

Inhaltsverzeichnis:

Einleitung

Als erstes möchte ich mich bei Ihnen für den Erwerb dieses Buches bedanken! Sie setzen damit viel Vertrauen in mich und meine Arbeit. Das weiß ich sehr zu schätzen und wünsche Ihnen viel Spaß beim Lesen dieses Buches. Ich hoffe ich kann Ihnen mit den hier enthaltenen Informationen wirklich helfen! Fangen wir an:

Immer wieder wirkt sich die eigene Produktivität positiv oder negativ auf das Leben aus. Sei es im Beruf, dem Haushalt oder auch der Beziehung spielt die Produktivität oftmals eine größere Rolle als es auf den ersten Blick erscheint. Produktivität ist daher auf vielen Ebenen ein Faktor, der nicht nur auf der Arbeit gewinnbringend eingesetzt werden kann. Doch was passiert, wenn eine geringe Produktivität immer wieder Nachteile für das eigene Leben bereithält? Niemand wird schließlich gerne bei Beförderungen übergangen oder büßt seine kostbare Freizeit zugunsten anderer Aufgaben ein. Mit den folgenden Tipps und Strategien erfahren Sie mehr über die Produktivität im Allgemeinen, den Stellenwert der Produktivität in ihrem Leben und wie Sie selbst ihre Produktivität dauerhaft steigern können.

1. Kapitel: Was ist Produktivität?

Produktivität wird nicht selten mit Leistungsfähigkeit gleichgesetzt. Das ist zwar nicht grundsätzlich falsch, jedoch deckt die Leistungsfähigkeit nur einen kleinen Teil der Produktivität ab. Vielmehr stecken in der Produktivität eine Vielzahl von messbaren Werten oder auch tatsächlichen Tätigkeiten. Jeder dieser Punkte ist jedoch mit Auswirkungen verbunden. So ist es in der Arbeitswelt mittlerweile Gang und Gäbe, dass Arbeitnehmer bestimmte Ziele während ihrer Arbeitszeit erreichen müssen. Von der Fertigung bis zu Bürojobs wird jeder Angestellte an seiner Produktivität gemessen. Eine hohe Produktivität führt somit nicht nur zu mehr Anerkennung und Erfolg im Beruf, sondern auch zu mehr Wahlmöglichkeiten. Denn wer produktiv ist, wird nicht nur an seinem eigenen Arbeitsplatz geschätzt, da auch andere Arbeitgeber diese Fähigkeiten schätzen. Gleiches gilt auch für das Privatleben. Hier leistet die Produktivität einen wichtigen Beitrag, um seine Freizeit möglichst sinnvoll zu gestalten. Wer etwa im Haushalt oder auch den eigenen Finanzen ein produktives Verhalten an den Tag legt, erlebt dass viele Tätigkeiten weniger Zeit in Anspruch nehmen. Das ist zudem einer der Grundzüge der Produktivität. Denn produktiv zu sein, bedeutet immer auch die Zeit, die für eine Aufgabe aufgewendet wird sinnvoll einzusetzen. Allein diese Vielzahl an Bedeutungen für ein einziges Wort zeigt bereits, dass Produktivität in jedem Leben angekommen ist. Doch wie weitreichend die Auswirkungen wirklich auf das eigene Leben wirklich sind, zeigen die weiteren Ausführungen.

2. Kapitel: Lebensbereiche in denen Produktivität gefragt ist

Produktivität bestimmt ihren Alltag von der Sekunde in der Sie aufstehen bis zum Zeitpunkt an dem Sie wieder zu Bett gehen. Innerhalb des Tages ist es einfach unmöglich auf Produktivität zu verzichten. Vom Arbeitsalltag über den Haushalt bis zum Training in einem Sportverein bestimmt ihre Produktivität nicht nur einen Teil ihrer Persönlichkeit, sondern auch wie sie von anderen wahrgenommen werden. Daher wird in diesem Punkt der Stellenwert der Produktivität auf einzelne Bereiche näher vorgestellt.

Produktivität in der Wirtschaft

Die Produktivität ist und bleibt einer der wichtigsten Motoren der Wirtschaft. Dies gilt besonders für Angestellte. Je höher die eigene Produktivität ist, umso mehr Chancen bieten sich auf dem Arbeitsmarkt. Dabei bedeutet Produktivität nicht in jedem Fall auch körperliche Kraft einzusetzen. Vielmehr kann eine Erhöhung der Produktivität am Arbeitsplatz auch mit dem Erlernen einer weiteren Fremdsprache oder dem Besuchen von Fortbildungsseminaren verbunden sein. Doch nicht immer ist die wirtschaftliche Produktivität auch direkt mit einer menschlichen Arbeitskraft verbunden. So leisten Maschinen und technische Neuerungen, besonders in den Industrienationen einen wichtigen Beitrag zum wirtschaftlichen Erfolg eines Unternehmens. Dennoch ist auch diese Form der Produktivität einfach undenkbar ohne Menschen, welche diese Idee verwirklichen oder an deren Verbesserung arbeiten. Zudem werden auch danach zur Bedienung oder Wartung immer wieder Menschen benötigt. Die Produktivität innerhalb der Wirtschaft entspricht so auch einem Kreislauf, welcher Hand in Hand zwischen Mensch und Maschine verläuft. Produktivität innerhalb der Wirtschaft ist zudem stark von Flexibilität geprägt. Im Laufe der Zeit schwindet die Bedeutung bestimmter Branchen oder Berufe, während neue entstehen. Um Schwankungen auszugleichen ist es daher ein Muss auf neue Entwicklungen zu reagieren und auch die Produktivität darauf auszurichten. Von neuen Vertriebswegen, den Vorteilen des Internets bis zu Arbeitnehmern, die heute bevorzugt im Home Office arbeiten zeigen allein diese Veränderungen, dass Standards innerhalb der Wirtschaft nur von begrenzter Dauer sind.

Produktivität im Finanzwesen

Innerhalb des Finanzwesens wird oftmals die Redewendung verwendet, dass Geld für sich arbeiten zu lassen. Dies ist nichts anderes als ein Ausdruck für Produktivität. Ob an der Börse, auf einem Tagesgeldkonto oder auch der Gewährung eines privaten Kredits, hinter allem steht die Hoffnung sein Geld ohne große Mühe zu vermehren. Hier sprechen in der Regel zwei Faktoren für die Produktivität. Bei diesen handelt es sich um ein gewisses Maß an Risikobereitschaft und Zeit. Gewinne mit langfristigen Anlagen erfordern zwar mehr Geduld weisen jedoch nicht weniger Produktivität auf. Was alle Anlagen zudem gemeinsam haben ist das der Investor zuerst selbst produktiv geworden ist. Auch hier ergibt sich also wieder ein Zusammenspiel der Produktivität zwischen Mensch und dem finanziellen Gewinn.

Produktivität am Arbeitsplatz

Die Produktivität am Arbeitsplatz ist nicht immer selbst zu beeinflussen. Das gilt sowohl für Angestellte als auch selbständige Tätigkeiten. Denn in einem Großteil aller Berufe gibt es ein eng umfasstes Jobprofil, welches nicht sehr viele Freiheiten bietet. Doch genau diese Jobprofile sind ein Indiz für Produktivität. Denn je spezialisierter Arbeitsabläufe gestaltet werden, umso weniger Zeit wird in der Regel für die Verrichtung einer Tätigkeit aufgewendet. Im Umkehrschluss bedeutet dies jedoch auch, dass die Fähigkeiten von Arbeitnehmern auf einen sehr kleinen Rahmen beschränkt sind. Allroundtalente werden daher innerhalb eines Unternehmens immer mehr zu einer Minderheit. Weiterhin werden auch Arbeitnehmer zunehmend an ihrer eigenen Produktivität gemessen. Hierbei muss es sich zudem nicht ausschließlich nur um die tatsächliche Produktivität handeln. Ein gutes Beispiel dafür sind Arbeitnehmer 50+, die es oftmals schwer haben sich gegen die jüngere Konkurrenz mit weniger Erfahrung durchzusetzen.

Produktivität im Haushalt

Einen Haushalt zu führen kommt durchaus dem Management eines kleinen Unternehmens gleich. Das zeigt sich zum Beispiel an der Vielzahl an Tätigkeiten von alltäglichen Arbeiten bis zu Reparaturen, die dennoch nur auf eine oder wenige Schultern verteilt werden. Der Haushalt erfordert daher ein sehr hohes Maß an Produktivität. Fehlt dieses ist nicht seltene eine fehlende Motivation die Ursache. Dabei ist der Haushalt bereits ab der Jugend eine gute Chance erste Abläufe zu organisieren und so selbst festzustellen, wie sich durch Training die eigene Produktivität Stück für Stück verbessern kann. Wie im Berufsleben bildet auch im Haushalt die zunehmende Erfahrung eine wichtige Basis zur gewünschten Produktivität.

Produktivität in der Beziehung

Auch im zwischenmenschlichen Bereich spielt Produktivität eine nicht zu unterschätzende Rolle. Denn eine Beziehung ist immer auch mit Arbeit verbunden. Von gemeinsamen Kompromissen bis zu den Vorteilen, die aus der Beziehung für den Einzelnen erwachen ist das Maß an Produktivität sowohl gemeinsam als auch einzeln veränderbar. Konsequenzen werden daher bevorzugt nach dem Ende einer Beziehung gezogen. Hierbei kann es sich um bestimmte Qualitäten handeln, welche der nächste Partner aufweisen sollte oder auch Fehler, die man selbst von nun an nicht mehr begehen möchte. Ziel ist es dabei immer, wenn auch unbewusst die eigene Produktivität innerhalb der Beziehung zu steigern und dem gewünschten Ziel näher zu kommen.

Der Zusammenhang zwischen Produktivität und körperlicher Leistungsfähigkeit

Zwischen der eigenen Produktivität und dem Körper besteht zwar ein untrennbarer Zusammenhang, der jedoch nicht bei allen produktiven Tätigkeiten gleich stark zum Tragen kommt. So kann sich zum Beispiel ein Maler oder auch ein Schriftsteller bei seiner Arbeit komplett verausgaben ohne dafür die Muskeln zu bemühen. Dennoch wird Produktivität oftmals mit Jugend und Stärke gleichgesetzt. Was dabei nicht zum Tragen kommt ist das hohe Maß an Erfahrung, welches für die Produktivität unverzichtbar ist. Denn die für die Produktivität so unschätzbar wertvolle Routine geht immer Hand in Hand mit den gemachten Erfahrungen. In diesem Bereich nur durch das Alter Rückschlüsse auf die Produktivität zu ziehen, kann daher durchaus ein schlechter Ratgeber sein.

3. Kapitel: Produktivität startet mit einer professionellen Organisation

Was Produktivität auszeichnet sind die Abläufe, die möglichst routiniert ablaufen sollte. Doch auch diese Organisation kommt nicht von ungefähr. Je mehr Erfahrung im Umgang mit Produktivität vorausgeht, umso leichter fällt es diese Erfahrung auch auf andere Bereiche auszuweiten. Hilfreich ist dabei neben einem schriftlichen Plan auch ein Plan B, um von Schwierigkeiten nicht gleich kalt erwischt zu werden.

Die Planung nicht dem Zufall überlassen

Ein wichtiges Grundmerkmal der Produktivität ist ein planvolles Vorgehen. Dies gilt sowohl für den Beruf als auch das Privatleben. Wer seine Produktivität verbessern möchte, sollte daher zuerst einen Plan erstellen. Diese kann aus mehreren Schritten einer Tätigkeit oder auch dem gesamten Tag bestehen. Dies bedeutet, dass Schwarz auf Weiß aufgeführt wird was zu erledigen ist und in welcher Reihenfolge. Allein dieser Plan ist oftmals hilfreich um die ersten Schwächen aufzudecken. Daher darf die erste Ausführung eines Plans ruhig nach Herzenslust mit Notizen oder auch Anmerkungen beschriftet werden. Aus diesen entsteht letztendlich der fertige Plan. Wie auch bei einem Stundenplan in der Schule ist es wichtig diesen deutlich sichtbar zu platzieren. So gerät kein Punkt der Planung in Vergessenheit. Weiterhin kann es hilfreich sein die Pläne wie to do Listen zu formulieren. Dadurch ist es möglich sich durch das Abstreichen einzelner Punkte immer wieder selbst für die Produktivität zu belohnen. Gleichzeitig findet so eine weitere Motivation statt, da der Mensch dazu neigt Listen gerne komplett abzuarbeiten. Punkt für Punkt steigt somit die Produktivität merklich an, da das Abstreichen der Liste selbst als zu einer Zielsetzung wird.

Das Aufschieben nicht zu einer Gewohnheit werden lassen

In immer mehr Berufen gibt es entweder feste Fristen die einzuhalten oder Quoten die zu erfüllen sind. Hierbei etwas aufzuschieben und auf die letzte Minute zu verschieben geht nicht selten zu Ungunsten der Produktivität. Denn je näher eine Frist rückt, umso mehr wird die Zeit und nicht die Qualität zu einem Merkmal für die Fertigstellung. Doch genau diese Qualität ist es, die ein ganz entscheidendes Indiz für Produktivität darstellt. Fehlt die Qualität oder ist nur in Teilen zu erkennen erfordert eine Korrektur oft sehr viel mehr Zeit als sofort die notwendige Sorgfalt an den Tag zu legen. Natürlich ist es nicht immer direkt möglich mit einer Arbeit oder einem Projekt zu beginnen, wenn mehrere Aufgaben gleichzeitig fertiggestellt werden müssen. Jedoch gibt es fast immer die Gelegenheit bereits etwas vorzubereiten, Unterlagen zu ordnen oder in anderer Form die spätere Bearbeitung zu erleichtern. Nicht selten helfen auch hier Notizen sich an Details bei der ersten Durchsicht zu erinnern oder wichtige Fragen zu formulieren, die möglichst durch die Bearbeitung beantwortet werden sollten.

Produktivität in einem Team

Die eigene Produktivität ist nur sehr selten wirklich nur von einer Person abhängig. Vielmehr ist auch hier immer wieder an der Arbeit oder dem Privatleben Teamwork gefragt. Die Zusammenarbeit mit anderen Menschen kann dabei sowohl beflügelnd wirken als auch die eigene Produktivität einschränken. Ein gutes Beispiel dafür ist es auf der Arbeit einen neuen Kollegen einzuarbeiten oder auch den Kindern im Haushalt wichtige Tätigkeiten zu zeigen. Dieser kurzfristige Einschnitt der Produktivität dient jedoch auf lange Sicht dazu die Leistungsfähigkeit innerhalb eines Teams oder auch einer Familie zu stärken. Dennoch kann die Arbeit in einem Team auch von Zeit zu Zeit bedeuten, schwächeren Mitgliedern unter die Arme zu greifen. Hier die Geduld zu verlieren, schwächt nicht nur die eigene Produktivität, sondern nimmt auch die Chance zu verstehen, warum eine bestimmte Aufgabe für einen anderen schwieriger ist. Da sich persönliche Stärken und Schwächen in einem Team zum Großteil ausgleichen, profitieren Sie davon schlussendlich auch selbst, wenn diese Personen Ihnen hilfreich zur Seite stehen.

Immer einen Plan B bereithalten

Der Kopierer streikt oder ein Problem mit der Internetverbindung verhindert das Beenden eines wichtigen Projekts. Das sind genau die Details, welche dazu beitragen kurz in Panik zu geraten oder den wohldurchdachten Tagesplan komplett auf den Kopf zu stellen. Hier hilft es immer einen Plan B in der Hinterhand zu haben. Denn Produktivität beinhaltet immer ein gewisses Maß an Improvisationstalent. Über genau dieses Improvisationstalent zu verfügen hilft nicht nur Ihnen selbst, sondern auch den Menschen in Ihrer Umwelt bei Schwierigkeiten ruhig zu bleiben und sich an Ihnen ein positives Beispiel zu nehmen.

4. Kapitel: Produktivität nicht mit Perfektion verwechseln

Produktivität ist für viele Menschen und vor allem Arbeitgeber immer noch gleichbedeutend mit Perfektion. Dabei werden unbewusst Drucksituationen erzeugt, die eher zu einer geringeren Produktivität beitragen als diese zu beflügeln. Denn Perfektion erreichen zu wollen gleicht in vielen Bereichen dem sprichwörtlichen Kampf gegen Windmühlen. Besser ist es daher, die eigenen Ansprüche einer genauen Prüfung zu unterziehen. Da ein Streben nach Perfektion viel zu oft von einer Optimierung der eigenen Produktivität nur hinderlich ist.

Bei der Produktivität immer Prioritäten setzen

Im Berufs- und Privatleben gibt es häufig den Wunsch Aufgaben nicht nur abzuarbeiten, sondern auch perfekt umzusetzen. Wird Perfektion zur Zielsetzung ist es jedoch sehr schwer sich dem damit verbundenen Druck zu entziehen. Dies führt im Gegenzug wiederum zu einer Einbuße der Produktivität, wenn der Druck in gewisser Weise lähmend wirkt. Sehr oft hilft es bereits sich bewusst zu machen, dass jeder Mensch eine andere Definition von Perfektion besitzt. Während der eine wenn er damit beauftragt wird Kopien anzufertigen diese Aufgaben wie vereinbart erledigt, kann dies für einen anderen nicht genug sein, der etwa unsaubere Kopien aussortiert oder diese bereits in einem Ordner abheftet. Um Produktiv zu sein ist es jedoch wichtig sich vorher bewusst zu werden, was die Aufgabe wirklich verlangt und welche zusätzlichen Aspekte der Umsetzung einfach nur dem eigenen Wunsch nach Perfektion geschuldet sind.

Sich nicht vor einem Nein scheuen

Produktivität zeichnet sich auch dadurch aus, die eigenen Leistungsgrenzen genau zu kennen. Jeder Mensch hat nur 24 Stunden und eine begrenzte Belastbarkeit anzubieten. Daher ist es erforderlich von Zeit zu Zeit mit einem klaren Nein auf Wünsche zu reagieren. Dies kann eine Aufforderung zu wiederholten Überstunden am Arbeitsplatz oder auch Besorgungen für Freunde und Familie zu übernehmen sein. Wichtig ist es sich für das Nein nicht zu entschuldigen, sondern die eigenen Prioritäten klar darzustellen. Hierbei spielt der menschliche Faktor jedoch nur eine untergeordnete Rolle, da auch Maschinen nicht begrenzt belastbar sind. Eine Maschine innerhalb der Fertigung ist auf eine bestimmte Stückzahl begrenzt. Auch hier würden nur wenige Besitzer auf die Idee kommen dieses Limit dauerhaft zu überspannen. Auf diese zusätzlichen Aufgaben zu verzichten schwächt daher nicht die Produktivität, sondern legt den Fokus auf die Bereiche die wirklich der eigenen Leistungsfähigkeit förderlich sind.

Die Zeit nicht als Maßstab für Produktivität verwenden

Besonders im Arbeitsumfeld in dem mehrere Personen der gleichen Tätigkeit nachgehen herrscht oft eine ausgeprägte Konkurrenzsituation. Dabei wird die Zeit die für einzelne Tätigkeit aufgewendet werden oft als Maßstab für die Produktivität verwendet. Das übt jedoch nicht selten zusätzlichen Druck aus. Ein Beweis dafür ist die zunehmende Anzahl an Krankmeldungen aufgrund von Stress und Überforderung. Die Zeit sollte daher weniger stark beachtet werden, als etwa die Qualität der Produktivität. Denn leidet erst einmal die Qualität wird die beanspruchte Zeit eher zu einem Maßstab für Nachlässigkeit als Produktivität. Sich aus diesem Muster zu lösen kann daher nicht nur Druck von den eigenen Schultern nehmen, sondern auch zu einer insgesamt entspannteren Atmosphäre führen.

Nicht zu Gunsten der Produktivität den Überblick verlieren

Das Multitasking wird langsam aber sicher zu einem Standard am Arbeitsplatz und dem Privatleben. Dabei ist nicht jeder in dieser Disziplin gleich begabt. Wichtig ist es daher den Überblick nicht zu verlieren. Wer merkt bereits bei drei Aufgaben den Überblick zu verlieren, sollte sich daher auf zwei Aufgaben konzentrieren und hier einen klaren Fokus setzen. Denn schlussendlich führen viele Wege zum Ziel und Multitasking ist bei weitem nicht für jeden die Möglichkeit seinen Tag am produktivsten zu gestalten.

5. Kapitel: Den eigenen Biorhythmus in die Produktivität mit einbeziehen

Jeder Mensch verfügt über einen ganz eigenen Rhythmus, der es ihm erlaubt zu bestimmten Phasen des Tages am produktivsten zu sein. Wer diese Phasen kennt kann im Umkehrschluss auch seinen Tagesablauf komplett darauf abstimmen. Ziel ist dabei jedoch seinen eigenen Biorhythmus zu finden und sich kein Beispiel an der Produktivität anderer zu nehmen.

Effektiver arbeiten nach dem Biorhythmus

Nach dem Aufwachen braucht jeder Mensch zuerst eine Anlaufzeit um wirklich in Schwung zu kommen. Daher ist der Vormittag in der Regel sehr viel produktiver als der Morgen. Wer um diese Tatsache weiß, sollte viele Tätigkeiten die ansonsten gerne nebenbei erledigt werden gezielt auf den Morgen legen. Dazu kann zum Beispiel das Beantworten der E-Mails gehören. Der Vormittag wird dagegen für alle Tätigkeiten reserviert, welche die gesamte Aufmerksamkeit erfordern. Über die Mittagsstunden ist ein kleines Tief der Konzentrationsfähigkeit nicht ungewöhnlich. Stehen in diesem Zeitraum wichtige Termine an können koffeinhaltige Getränke einen guten Beitrag dazu leisten dennoch auch wichtige Entscheidungen mit der notwendigen Konzentration zu treffen. Der Nachmittag stellt wieder eine Phase dar in der es leichter fällt produktiv zu bleiben und sich nicht allzu schnell von Ablenkungen aus der Ruhe bringen zu lassen. Am Abend sollten besonders die zwei Stunden vor dem Schlafengehen als Ruhephase dienen, um Schlafproblemen vorzubeugen.

Den eigenen Biorhythmus nicht vernachlässigen

Wie einige Insekten wird auch der Mensch vom Licht angezogen und ist daher bevorzugt wach, wenn auch die Sonne scheint. Da bedeutet jedoch nicht, dass dies auch für jede Person zu gleichen Teilen gilt. Denn Menschen, die bevorzugt in der Nacht wach sind, finden es sehr schwierig am Tag die gleiche Produktivität unter Beweis zu stellen als in den Abend- und Nachtstunden. Oftmals wissen diese Personen von ihrem abweichenden Biorhythmus und suchen sich Berufe in den sie sich ihre Zeit frei einteilen oder bevorzugt in der Nacht arbeiten. Der Biorhythmus und die Steigerung der Produktivität sind dabei untrennbar miteinander verbunden.

Der Zusammenhang zwischen den Mahlzeiten und der eigenen Produktivität

Bei der Betrachtung der besonders produktiven Phasen während des Tages fällt schnell auf, dass diese immer nach den drei Hauptmahlzeiten beginnen. Dies ist natürlich kein Zufall, da die eigene Produktivität maßgeblich von einer konstanten Energiezufuhr abhängt. Während des Tages auf Mahlzeiten wie etwa das Frühstück oder auch das Mittagessen zu verzichten schwächt daher die Produktivität sehr einschneidend. Denn zuerst ist der Körper bemüht sich selbst durch den Zugriff auf körpereigene Reserven mit Energie zu versorgen. Erst danach wird die Energie für andere Tätigkeiten zur Verfügung gestellt. Ein sicheres Anzeichen, dass der Körper die nächste Mahlzeit oder auch einen Snack benötigt ist das Nachlassen der Konzentration. Hier ist es hilfreich immer ein Getränk oder auch einen Snack wie Nüsse vorrätig zu haben.

Den Faktor Schlaf richtig einsetzen

Zwar gibt es Phasen im Leben wenn es normal ist mit wenigen Stunden Schlaf auszukommen, dennoch stellt ein Schlafmangel immer eine Belastung für den Körper dar. 7 bis 8 Stunden Schlaf pro Nacht helfen dem Körper nicht nur bei der Regeneration, sondern leisten auch einen wichtigen Beitrag, um am nächsten Tag die volle Leistungsfähigkeit abzurufen. Bei Schlafproblemen ist es mitunter hilfreich sowohl Elektrogeräte als auch Zimmerpflanzen aus dem Schlafzimmer zu verbannen, da beiden ein negativer Einfluss auf die Leistungsfähigkeit nachgesagt wird.

6. Kapitel: Produktivitätskiller auf ein Minimum reduzieren

Negative Faktoren für die Produktivität sind an jedem Arbeitsplatz und Haushalt vorhanden. Die Kunst besteht jedoch darin diese zu erkennen, um nach Möglichkeit deren Einfluss auf die Produktivität zu vermindern. Das kann mit einer Reduzierung von Ablenkungen beginnen und bis zu einem Training für mehr Konzentration führen. Wichtig ist hierbei lediglich zu erkennen, welche Faktoren die eigene Produktivität bisher am meisten beschränkt haben und deren Einfluss langsam abzumildern.

Den Einfluss von Ablenkungen auf die Produktivität erkennen

Ablenkungen treten an jedem einzelnen Tag dutzendfach auf. Vom Klingeln des Telefons bis zu lauten Gesprächen der Kollegen, kann die Konzentration immer wieder von der eigentlichen Aufgabe abgelenkt werden. Viele der Ablenkungen sind jedoch auch selbst verursacht. Wer ständig vom eigenen Handy abgelenkt wird sollte dies kurzfristig außer Reichweite legen. Der Blick wandert so nicht ständig auf das Display, gleichzeitig befindet sich das Telefon jedoch weiterhin in Hörweite, um bei Bedarf erreichbar zu sein. Gleiches gilt auch für das Öffnen mehrere Browserfenster auf dem Computer. Wer mit den Gedanken nicht bei der Arbeit, sondern beim nächsten Video oder E-Mail ist kann sich nur sehr schwer wirklich der aktuellen Aufgabe widmen.

Gezielt die eigene Konzentrationsfähigkeit trainieren

Untersuchungen haben gezeigt, dass die durchschnittliche Konzentrationsfähigkeit nur noch auf wenige Sekunden beschränkt ist. Das klingt zuerst nach sehr wenig ist aber zum Großteil den modernen Kommunikationsmedien geschuldet. Vom Senden einer SMS bis zum Überfliegen einer Chatnachricht wird die gesamte Konzentration selten länger als ein paar Sekunden in Anspruch genommen. Ändern lässt sich das leicht indem die Konzentration gezielt trainiert wird. Sich etwa eine halbe Stunde vor dem Schlafen nur auf Buch zu konzentrieren hilft bereits diesen Fokus auch während des Tages zu finden.

Strategien um unvermeidbare Ablenkungen zu tolerieren

Es gibt immer wieder Ablenkungen die einfach unvermeidlich sind. So ist der Geräuschpegel in einem Großraumbüro höher als in Büros die sich nur zwei Kollegen teilen. Das bedeutet jedoch nicht hier nicht aktiv an der Verbesserung der eigenen Produktivität arbeiten zu können. Wenn es die Situation erlaubt hilft es vielen Menschen sich mit Musik zu konzentrieren. Mit der Hilfe von Kopfhörern werden die Kollegen nicht gestört, während sie selbst gleichzeitig in ihre eigene Welt eintauchen können. Hilfreich sind auch Fotos oder Bilder von Orten oder Menschen, die dazu beitragen den Stresslevel zu verringern und sich besser auf die aktuelle Aufgabe zu konzentrieren. Im Wesentlichen dienen alle Strategien dazu die Umgebung auszublenden, aber dennoch weiterhin ein Teil davon zu bleiben, um etwa bei Fragen jederzeit zur Verfügung zu stehen.

7. Kapitel: Die optimale Mischung aus produktiven Phasen und Pausen finden

Kein Körper kann wirklich vom Aufstehen bis zum Schlafengehen 100% geben. Damit der Körper auch bei anstrengenden Tätigkeiten nicht auf die Dauer seine Leistungsfähigkeit einbüßt, ist es sehr wichtig, eine ausgewogene Balance zwischen Arbeitszeiten und Pausen zu finden. Dies kann jeden Tag ähnlich oder auch verschieden ausfallen. Wichtig ist in erster Linie dem Körper diese Ruhephasen konstant einzuräumen, um zu erkennen, wie die Produktivität nach einer Pause wieder höher ausfällt als zuvor.

Produktive Phasen des Tages optimal gestalten

Wie bereits erwähnt ist der Körper nicht zu jeder Zeit des Tages gleich leistungsfähig. Innerhalb der besonders produktiven Zeiträume, die sich meistens über Blöcke mit mehreren Stunden erstrecken, gehen sehr viele Tätigkeiten deutlich leichter von der Hand. Alle Tätigkeiten, welche die gesamte Aufmerksamkeit erfordern sind daher innerhalb dieser Zeiträume sehr viel schneller erledigt. Beginnen sollten Sie dabei immer mit der unbeliebtesten Tätigkeit. Anstatt diese bis zum Ende aufzuschieben, beenden Sie einen dieser Leistungsblöcke stets mit einer leichteren Aufgabe. Die nachlassende Konzentrationsfähigkeit sorgt so nicht dafür, dass sich Aufgaben bis zur Fertigstellung unnötig in die Länge ziehen. Wer sich am Morgen besonders produktiv fühlt, sollte daher einen Großteil der Arbeit oder des Haushalts in diesem Zeitrahmen einplanen. Innerhalb dieser Zeiträume sollten die einzelnen Aufgaben jedoch nicht zu knapp kalkuliert werden. Ansonsten genügt meistens eine kleine Unterbrechung, um den Plan über den Haufen zu werfen. Der Körper gewöhnt sich zudem sehr schnell an die Leistungsblöcke, wenn im Gegenzug ausreichend Ruhephasen zur Verfügung gestellt werden.

Dank produktiver Phasen mehr Freizeit genießen

Der Grund sich für Leistungsblöcke zu entscheiden, liegt nicht nur an einer höheren Produktivität, sondern ebenfalls an einem Plus an Freizeit. Denn genau diese kommt beim Gedanken an die eigene Produktivität viel zu oft zu kurz. Die Freizeit beginnt dabei unmittelbar im Anschluss an die Phasen mit einer erhöhten Produktivität. Dabei kann es sich um die Mittagspause während der Arbeit oder auch die Abendstunden auf der Couch handeln. Entscheidend ist jedoch beide Bereiche voneinander zu trennen. Wenn also während der Arbeit die Kollegen auch während der Pausen nur das neueste Projekt besprechen ist es durchaus legitim sich hier eine kurze Auszeit zu gönnen, um Besorgungen zu machen oder einen Spaziergang zu unternehmen. Der Inhalt der Auszeiten hängt dabei auch von der Art der zuvor verübten Tätigkeiten ab. In einem körperlich fordernden Beruf kann eine Auszeit durchaus daraus bestehen kurz zu verschnaufen und den Muskeln eine Pause zu gönnen. Bei Berufen und Tätigkeiten in denen eher der Verstand gefordert ist, sollte diesem ebenfalls eine Pause gegönnt werden. Dies kann bei einem entspannten Essen während der Mittagspause geschehen als auch beim Lesen privater E-Mails oder einem Telefonat mit Freunden. Beachtet werden sollte lediglich sich einen Ausgleich zu schaffen, um so das persönliche Stresslevel möglichst niedrig zu halten.

Die Motivation für eine Steigerung der Produktivität nicht vergessen

Manchmal ist das Vorhaben alleine nicht genug, um eine Steigerung der Produktivität zu erreichen. Mit einer passenden Motivation fällt es dagegen sehr viel leichter sich auf das gewählte Ziel zu konzentrieren. Das gilt besonders, wenn die Steigerung einer Produktivität mit einem längeren Zeitraum verbunden ist. Bei dieser Motivation kann es sich um ganz unterschiedliche Methoden handeln. Sehr hilfreich ist es etwa einem Freund oder Kollegen von dem Ziel zu erzählen. So steigt das eigene Interesse bei möglichen Nachfragen keine Schwäche eingestehen zu müssen. Dabei ist jedoch erforderlich sich niemand anderen zum Vorbild zu nehmen. Je mehr diese Person auf ein Podest gestellt wird, umso schwerer wird es sich seiner Stärken bewusst zu werden und einen eigenen Weg zu gehen. Denn wie bei vielen anderen Bereichen des Lebens führen auch bei der Steigerung der Produktivität viele Wege ans gleiche Ziel.

Schlusswort

Abschließend möchte Ich mich noch einmal von ganzem Herzen bei Ihnen bedanken.

Mit dem Erwerb dieses Ratgebers haben Sie mir gezeigt, dass Sie Vertrauen in mich, meine Erfahrungen und meine Arbeit gesetzt haben.

All das Wissen habe Ich mir über die Jahr mühsam angeeignet und versuche dieses nun so gut und verständlich wie möglich Ihnen mit auf den Weg zu geben. Ich hoffe Ich kann Sie damit auf Ihrem Lebensweg unterstützen!

Ich hoffe, dass Sie einiges aus diesem, bewusst kurz gehaltenen Ratgeber, der alles knackig auf den Punkt bringen sollte, mitnehmen konnten und mit den Inhalten, Tipps und Trick positive Veränderungen erzielen können.

Über ein Feedback Ihrerseits, mittels einer Bewertung auf Amazon, würde ich mich sehr freuen und es sehr schätzen!

Ich wünsche Ihnen für Ihre Zukunft alles erdenklich Gute und hoffe Sie auch weiter auf Ihrem Weg, mit meinen Erfahrungen und Tipps, unterstützen zu dürfen.

Herzlich grüßt,

Adrian Engel

Bonus-Kapitel:

Um meine Dankbarkeit noch ein bisschen mehr zum Ausdruck zu bringen möchte ich Dir hier einen kleinen Ausschnitt aus meinem Buch: **NLP** (Neurolinguistisches Programmieren) kostenlos schenken. Den Link zum Buch findest Du auch nach diesem Kapitel unter den Büchern des Autors. Viel Spaß!

Die Methoden des NLP

Für alle, die ihr Leben verbessern wollen und bisher nicht den Grund gefunden haben, woran das eine oder andere Scheitern liegt, sind im inneren Werkzeugkoffer zahlreiche Methoden bereitgestellt worden, von denen nur einige in diesem Ratgeber vorgestellt werden können. Da es kein einheitliches Grundkonzept gibt, liegen die Schwerpunkte auf unterschiedlichen Anwendungsformen.

Unten sind Techniken aus dem Gesamtangebot als Beispiele ausgewählt, die als geeignet gesehen werden, eine positive und effektive Kommunikation zwischen Gesprächspartnern zu ermöglichen. Diese positive und konstruktive Kommunikation bringt den Nutzer in allen Lebensbereichen auf den Erfolgskurs. Ob es um das Verkaufen geht oder um die Überzeugung politischer Widersacher, wer seine eigenen dunklen Seiten ausgeleuchtet hat, dem stehen keine Blockaden mehr im Weg. Durch kontinuierliche Forschung und Entwicklung bis in die Gegenwart hinein ist ein Überblick über das gesamte Spektrum an Methoden und Techniken nahezu unmöglich. Die unten vorgestellten Methoden sind leicht zu erlernen und wirken schnell und effektiv dabei, das individuelle Leben zu verbessern.

Pacing and leading

Pacing and leading bedeutet „Spiegeln und Führen". Damit ist gemeint, dass durch das Spiegeln zuerst eine Basis der Sympathie und des Vertrauens geschaffen werden soll, die dann das Führen erleichtert.

Wie genau funktioniert diese Technik?

Der erste Bestandteil ist das Spiegeln. In vielen Wissenschaften, die sich mit dem Menschen befassen, geht man davon aus, dass ein Mensch durch das Spiegeln seines Gegenübers in der kommunikativen Situation seine Sympathie für ihn bekundet. Diese Sympathie führt zu Vertrauen beim Gesprächspartner. Damit ist er für das geöffnet, was er hört. In der konkreten Situation wird also der Partner genau wahrgenommen. Tonfall und Lautstärke werden ebenso aufmerksam studiert wie etwa Mimik und Körpersprache. Eine kleine Verhaltensveränderung führt nun dazu, dass man das Spiegelbild seines Gesprächspartners wird. Passt sich der Trainer dem Gesprächspartner an, darf das keinesfalls plump oder kopierend wirken. Schon kleine Details genügen und weniger ist beim Pacing immer und in jedem Fall mehr. Der Anwender wird beispielsweise darauf achten, dasselbe Getränk zu wählen wie der Partner, die Sitzhaltung auf ihn abstimmen und sich auf sein Sprechtempo einstellen. So gewinnt er das Vertrauen des Partners und kann in den Leadingmodus wechseln.

Hier werden spezielle Kommunkationsformen wie die Suggestivfrage eingesetzt, um Zustimmung zu erlangen. Pacing und Leading findet vor allem in Verkaufs- und Beratungsgesprächen ihre Anwendung, wenn es darum geht, den Gesprächspartner zu einem bestimmten Ziel zu bewegen.

Ein Beispiel aus der Praxis verdeutlicht den hohen Wert von Pacing and leading.

Eine spezielle Situation, die den meisten Menschen geläufig ist, ist das Gespräch zwischen einem Erwachsenen und einem Kind von etwa sechs Jahren. Nehmen wir an, dass Kind soll dazu bewegt werden, sein Zimmer in Ordnung zu bringen. Im Gespräch wird der Erwachsene zuerst Pacing anwenden. Er wird entweder das Kind auf seine Höhe bringen oder umgekehrt. Damit spiegelt er mittels Körpergröße und stellt Homogenität her. Als nächstes wird er vielleicht mit dem Kind gemeinsam Kekse essen, die dem Geschmack des Kindes entsprechen. Aus dieser Homogenität heraus kann das Kind überzeugt werden, dass das Ziel des Erwachsenen – Ordnung im Kinderzimmer – von einem sympathischen, gleichgestellten Individuum gefordert wird. Der Erfolg ist somit leichter zu erreichen als mit einem autoritären Befehl. Es darf nicht verschwiegen werden, dass ein Anwender, der Pacing and leading besonders gut beherrscht, in der Lage ist, den Unkundigen relativ leicht und effektiv zu manipulieren. Sehr gute Beispiele dafür sind Verkaufsgespräche oder Beratungen, die den Kunden von einer Handlung oder einem Produkt überzeugen sollen, dass er aus eigenem Antrieb nicht gewählt hätte.

Pacing und leading lässt sich wie folgt zusammenfassen:

· Pacing and leading dient der Erreichung des Ziels des Trainers, das mit dem Kleinsten vereinbart wurde.
· Pacing, also Spiegeln geschieht dezent
· Leading wird mittels spezieller „weicher" Wortwahl erreicht, zum Beispiel:
„Wir sollten...", „Sie können natürlich selbst entscheiden, aber überdenken Sie die Vorteile... "

Um sich dem Pacing and leading in seinem eigenen Verhalten anzunähern, ist die Wahrnehmung der Umgebung von großer Bedeutung. Erste Pacing-Versuche kann jeder Mensch in seiner Umgebung unternehmen.

Refreaming

Unter Refreaming wird im Neuro-Linguistischen Programmieren die Technik verstanden, ein Ereignis in einen anderen, neuen Kontext zu stellen. Der Mensch reagiert in der Regel auf eine Situation, die er als Ganzes begreift.

Nehmen wir das Beispiel des Arbeitsplatzverlustes. Als Kontext spielen hier die wirtschaftlichen Einschränkungen und der Verlust der Tätigkeit eine Rolle. Eventuell könnte zum Kontext auch die Umgebung gehören, in der der Arbeitssuchende mit Schamgefühlen agiert, weil er sich gescheitert fühlt.

Ein anderer Kontext könnte den Wert der freien Zeit einbeziehen. Sieht der Betreffende jetzt die Möglichkeit, sich mehr um Familie und Freunde oder um seine Weiterbildung zu kümmern, verliert der Verlust des Arbeitsplatzes seinen negativen Kontext und kann als weniger belastend empfunden werden.

Refreaming wird immer dann eingesetzt, wenn belastende Gefühle den emotionalen Grundtonus beeinträchtigen. So wird eine positive Grundstimmung erzeugt, die die belastende Situation oder die Problemstellung aus einer besseren emotionalen Ausgangslage heraus bewältigen lassen.

Um die Technik Refreaming zusammenzufassen, sind zwei Aspekte wichtig:

· Refreaming wird angewendet, um belastende Gefühle auf eine positivere Stufe zu heben.
· Refreaming bedeutet, die belastende Situation oder Erfahrung in einem neuen Zusammenhang neu zu bewerten.

Um Refreaming zu trainieren kann der Betroffene die belastende Situation aufschreiben und Vorteile suchen, die mit der Situation einhergehen. Wenn das Augenmerk dann auf die Vorteile gelenkt wird, beispielsweise durch entsprechende Vorhaben oder Entscheidungen, kann sich die positive Emotionalität durchsetzen und der Anwender kann optimistisch an die Lösung seines Problems herangehen.

Weiter Bücher des Autors:

Selbsthypnose meistern: Erlerne die geheimen Techniken der Gedankenkontrolle   durch Meditation und Achtsamkeit

Selbstbewusstsein stärken: Entfalten Sie ihr wahres Potenzial und entwickeln Sie unerschütterliches Selbstvertrauen

Der Charisma Mythos: Entdecken Sie das Geheimnis natürlicher Ausstrahlung und entwickeln Sie magnetische Anziehung

Selbstliebe: Erlernen Sie bedingungslose Selbstliebe und erlangen Sie inneren Frieden

Smalltalk: Smalltalk Training: Meistern Sie die Kunst des Smalltalks und entwickeln Sie sich zu einem menschlichen Magneten

Achtsamkeit: Entdecke die Kraft der Gegenwart und erlange innere Stärke durch Konzentration und Gelassenheit

NLP: Meistere die Sprache des Unterbewusstseins zur Veränderung Deiner Glaubenssätze

Chakren: Erlernen Sie das Öffnen und Stabilisieren der 7 Chakren und entfesseln Sie ungeahnte Energien

Hellsehen: Ergründen Sie die geheimnisvolle Macht des
dritten Auges

Schlagfertigkeit: Meistern Sie die Kunst der Rhetorik und
lernen Sie wortgewandt zu kontern

Selbstmotivation: Erlerne das Geheimnis des eigenen
inneren Antriebs für mehr Disziplin und Fortschritt bei
Deinen Zielen

Rechtliches und Impressum:

Ich bin stets bemüht, alle Informationen und Angaben in diesem Buch korrekt und auf dem neusten Stand zu halten. Leider ist es trotzdem nie vollkommen ausgeschlossen, dass Fehler und Unklarheiten entstehen. Aus diesem Grund übernehme Ich keine Gewähr für Aktualität, Richtigkeit, Qualität und Vollständigkeit dieses Werkes. Für Schäden die durch die (Nicht-) Nutzung dieser Informationen, sowohl mittel- als auch unmittelbar entstehen, hafte Ich nicht. Für Hinweise auf Fehler und Unklarheiten wäre Ich Ihnen sehr dankbar!

Adrian Engel wird vertreten durch:
Daniel Karnatz
Tiefer Weg 22
01689 Weinböhla
karnatzdaniel@gmail.com

www.ingramcontent.com/pod-product-compliance
Lightning Source LLC
Chambersburg PA
CBHW061236180526
45170CB00003B/1322